MEJOR SIN OBJETIVOS

El éxito se consigue
cuando no se persigue

ENRIC LLADÓ

KOLIMA BOOKS

Categoría: Directivos y líderes | Colección: Liderazgo con valores

Título original: *Mejor sin objetivos. El éxito se consigue cuando no se persigue*

Primera edición: Marzo 2020
© 2020 Editorial Kolima, Madrid
www.editorialkolima.com

Autor: Enric Lladó Micheli
Dirección editorial: Marta Prieto Asirón
Maquetación de cubierta: Sergio Santos Palmero
Maquetación: Carolina Hernández Alarcón

ISBN: 978-84-18263-09-5
Depósito legal: M-en trámite-1 trimestre 2020
Impreso en España

ÍNDICE

Escribo estas líneas un martes 31 de diciembre de 2019.

Esta noche millones de personas de todo el mundo se marcarán nuevos propósitos y objetivos para el año que viene.

Algunos se propondrán perder peso. Otros hacer más ejercicio. Otros aprender inglés, ser más pacientes con tal o cual persona, dejar de fumar...

Empezarán con ganas. Harán un esfuerzo.

A medida que el esfuerzo continúe, lo que al principio les hacía ilusión se irá convirtiendo en una obligación, en una carga. La carga se hará cada vez más pesada.

Y entonces llegará un momento en el que se permitirán un pequeño respiro, una caladita, un poco de chocolate, saltarse la rutina...

Si he dado una caladita, qué más da otra. Si me he tomado un *croissant*, ya da igual que me tome otro, lo que puedo hacer es no cenar luego. Esta semana no voy al *gym* porque tengo mucho trabajo, ya lo recuperaré más adelante...

Las excepciones se convertirán en la norma...

Poco a poco se darán por vencidos.

Entonces no podrán evitar sentirse fracasados. Más infelices que antes de empezar.

Curiosamente es posible que dentro de un año exacto vuelva a repetirse este ciclo completo una vez más.

Y otra vez, y otra...

Pues bien, lo que está fallando aquí de manera sistemática no son estas personas.

Haremos mal si señalamos injustamente su supuesta falta de voluntad.

Porque lo que invariablemente está fallando aquí son ni más ni menos que los propios objetivos.

LA ESCALERA

Existe una escalera de tres escalones.

Cada escalón es una manera de vivir.

Una misma situación puede vivirse desde cualquiera de los tres.

Desde cada escalón es posible acceder al siguiente. Hacia arriba o hacia abajo.

Lo fácil es bajar. Lo difícil es subir.

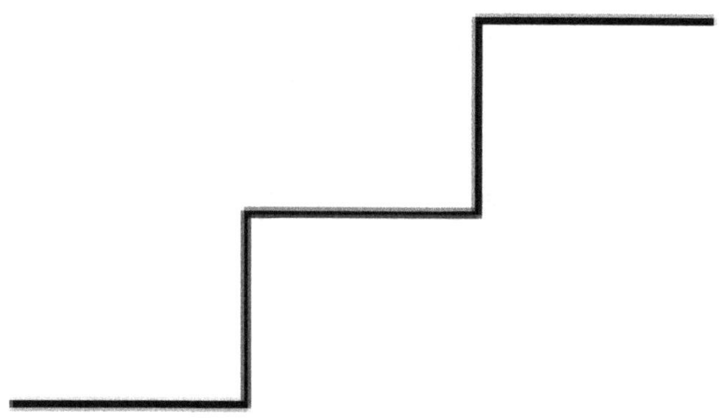

OBJETIVOS NEGATIVOS

Estamos en el primer escalón cuando queremos evitar algo.

Evitar que nos despidan, evitar una bronca, evitar perder dinero, prestigio, perder una pareja...

Nos programamos para la acción visualizando en nuestra mente lo que queremos evitar, no lo que queremos conseguir.

Estamos funcionando con objetivos negativos.

La emoción que nos impulsa es el miedo.

OBJETIVOS
NEGATIVOS
Evitar algo
MIEDO

SUPERVIVENCIA

Los objetivos negativos son *software* básico de serie, imprescindible para sobrevivir.

Porque el miedo activa el torrente de hormonas necesarias para estar en condiciones de realizar un esfuerzo físico extremo, ahora mismo.

Concentra toda nuestra energía y recursos en el momento, sin escatimar. Se trata de sobrevivir, y por lo tanto es una apuesta a todo o nada.

Entonces es posible reaccionar a gran velocidad, desarrollar una fuerza inusitada o seguir peleando con una herida de gravedad.

En esas circunstancias, los objetivos negativos son el programa más adaptativo y el miedo es la emoción más indicada para sobrevivir.

MIEDO INNECESARIO

Los animales solo sienten miedo en situaciones de riesgo físico inminente.

Cuando el león ha cazado una gacela, el resto de gacelas simplemente siguen pastando a unos metros de distancia.

Porque cuando la situación no es de riesgo físico inminente, funcionar con objetivos negativos presenta serios inconvenientes.

Un empleado de una oficina que teme perder su puesto de trabajo no puede canalizar físicamente la energía de ese miedo. No puede huir a toda velocidad ni puede atacar con toda su agresividad.

Esa energía no canalizada genera estrés en el organismo. Si este estrés se mantiene en el tiempo, provocará ansiedad, insomnio, depresión, somatización en forma de enfermedades...

A largo plazo el miedo innecesario provoca lo que pretende evitar. En este caso, el daño físico al organismo, y llevado al extremo, la destrucción total del individuo.

A corto plazo también es contraproducente.

Un empleado que quiere evitar el despido está a la defensiva. Por momentos puede ser agresivo o pasivo-agresivo. Pero entonces ese comportamiento aumenta la probabilidad de que lo despidan.

Cuando se da cuenta de lo que está ocurriendo, su temor aumenta aún más. Y cuanto más miedo, peor lo hace. Una espiral diabólica. Al final le acabarán despidiendo.

Por eso la avispa pica al que hace aspavientos, el agua hirviendo salpica al que tiene miedo de lanzar los raviolis, la esposa le oculta cosas al marido suspicaz y los ataques preventivos suelen acabar en guerra.

Es la Ley Natural del Miedo Innecesario: provocamos lo que pretendemos evitar.

Por eso funcionar con objetivos negativos solo está indicado en situaciones de riesgo físico inminente.

NO

Nuestra manera de hablar, con los demás y con nosotros mismos, refleja nuestro código de programación.

Cuando funcionamos mediante objetivos negativos nuestras palabras expresan lo que no queremos o lo que queremos evitar, porque es lo que vemos en nuestra mente.

No explicamos lo que queremos porque en realidad no lo sabemos.

Nos quejamos y buscamos culpables. Estamos a la defensiva para que no nos culpabilicen a nosotros. No hablamos de soluciones porque no las concebimos.

Utilizamos las palabras «tenemos que», «hay que» y «deberíamos», que expresan la obligación de hacer algo por miedo a las consecuencias de no hacerlo.

También usamos el verbo «intentar», que en realidad indica que en nuestra mente estamos visualizando el fracaso, lo que queremos evitar.

Somos muy amigos del «no». Para hacerlo más suave, solemos usar el «sí, pero».

Nuestro interlocutor percibe nuestro miedo y por eso resultamos poco convincentes, porque no transmitimos seguridad.

Cuanto más miedo tenemos de no convencer, menos convencemos.

A menudo incluso interrumpimos al otro. Es porque tenemos miedo de perder el control de la conversación, es decir, de nuevo miedo de no convencer. O, peor aún, miedo de que nos convenzan.

Entonces nuestro interlocutor se siente agredido, se pone a la defensiva y nos ataca.

Así es como perdemos definitivamente el control de la conversación. Somos nosotros mismos los que lo provocamos.

OBJETIVOS POSITIVOS

Estamos en el segundo escalón cuando queremos conseguir algo.

Conseguir un empleo, un aumento de sueldo, una casa mejor, la amistad de alguien, su admiración, su afecto, cariño, un abrazo, estatus, prestigio profesional, respeto...

Nos programamos para la acción visualizando en nuestra mente lo que queremos conseguir.

Estamos funcionando con objetivos positivos.

La emoción que nos impulsa es la ambición.

OBJETIVOS
POSITIVOS
Conseguir algo
AMBICIÓN

COMODIDAD Y CONFORT

Los objetivos positivos son *software* más avanzado, una evolución de los objetivos negativos.

Visualizar lo que queremos conseguir activa la ambición, una forma de energía con efectos positivos en el corto plazo (ilusión) y mucho más sostenible en el medio plazo.

Permite conseguir pequeños logros que progresivamente mejorarán nuestro confort y nuestra calidad de vida.

Además, cuanto más segura es nuestra casa, cuanto más prestigio tenemos, cuanto más saludables estamos y cuanto más saneada está nuestra cuenta corriente, más posibilidades tenemos de sobrevivir.

Entonces la probabilidad de volver a funcionar desde el miedo disminuye.

Por eso decimos que en el segundo escalón acumulamos más potencial que en el primero.

LA PRIMERA TRAMPA

Un equipo que gana la liga, al año siguiente teme no conseguirla de nuevo. Un artista reconocido acaba temiendo perder el interés de su público. Un vendedor que consigue su *bonus* teme no lograrlo el mes siguiente. Un amor que es correspondido, teme dejar de serlo.

Quien saborea la miel del logro, teme no volver a probarla. Cuanto más dulce, más miedo le da.

Por eso es muy fácil pasar de la ambición al miedo, caer un escalón sin darnos cuenta. Es la primera trampa de la escalera.

Casi todas las personas que están funcionando con objetivos lo están haciendo con objetivos negativos sin ni siquiera saberlo. Piensan que quieren conseguir algo, pero en realidad solo quieren evitar algo.

En la mayor parte de los casos, un vacío interior.

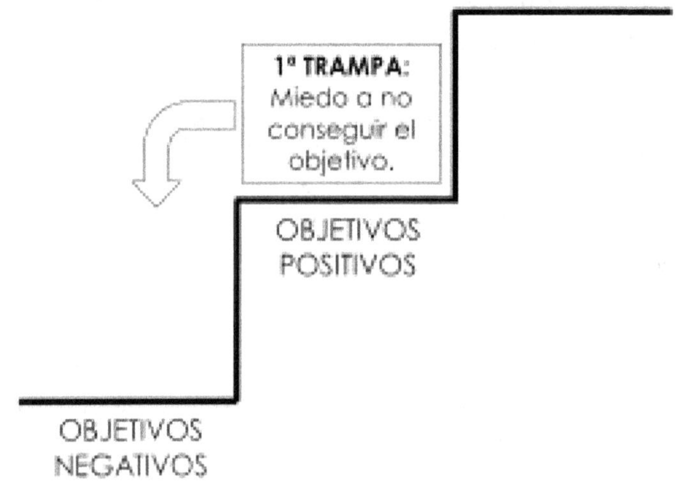
1ª TRAMPA:
Miedo a no
conseguir el
objetivo.
OBJETIVOS
POSITIVOS
OBJETIVOS
NEGATIVOS

AMBICIÓN EXCESIVA

Los objetivos positivos dejan de ser útiles cuando ya no es realmente necesario acumular más y sin embargo lo seguimos haciendo.

Entonces lo que acumulamos deja de ser positivo y se convierte en algo negativo. Es una batería sobrecargada, un cajón demasiado lleno, un abdomen repleto de grasa, un cáncer que crece sin control o una civilización que quema sus recursos.

Pongamos el ejemplo de un empleado que se propone conseguir un ascenso. Mientras no lo consigue, se siente insatisfecho. Cuanto más lo desea, más insatisfecho está. Si no lo consigue nunca, vivirá permanentemente frustrado.

Su frustración es una señal de que está ambicionando en exceso. De que quizás le convendría concentrarse en logros más accesibles, más cercanos y que solo dependan de él y de nadie más.

Pero imaginemos que persiste, que por un casual los astros se alinean y que finalmente lo consigue. Entonces experimentará un momento de enorme satisfacción.

Pero todos sabemos que ese momento durará poco. Cuando regrese el vacío interior, será, por contraste, mayor que antes de empezar.

Para poder llenarlo se marcará un nuevo objetivo, esta vez más ambicioso. Y el ciclo se repetirá de nuevo.

Una vida en base a objetivos se convierte así en una continua insatisfacción, interrumpida por momentos puntuales de logro que nos «enganchan» para seguir perpetuando el ciclo vicioso de ansia creciente.

Pura drogadicción. Directos hacia el abismo. Pero el efecto pernicioso no termina aquí.

El empleado que vuelca su atención en la consecución de su ascenso no puede evitar retirarla de su trabajo diario. Porque la atención es un recurso limitado.

Entonces su trabajo es de peor calidad, y así la probabilidad de conseguir su ascenso disminuye. En realidad él mismo está evitando su ascenso.

Por eso el arquero que se obsesiona en dar en el blanco falla, quien quiere enamorar a alguien a toda costa es rechazado, quien está preocupado por perder peso acaba engordando aún más, quien desea convencer es resistido, y a quien solo le importa ganar dinero lo acaba perdiendo todo.

Es la Ley Natural de la Ambición Excesiva: cuando nos obsesionamos por conseguir algo y lo forzamos, nosotros mismos lo acabamos impidiendo.

Evitamos lo que queremos conseguir.

SÍ

Cuando estamos programados con objetivos positivos, expresamos claramente lo que queremos, no lo que queremos evitar. Así es más probable que lo logremos.

Nuestras conversaciones pueden ser más productivas porque dejamos de hablar de las culpas (que nadie quiere tener) y nos enfocamos en lo que hemos aprendido.

Porque dejamos de hablar de la razón (que todos quieren tener) y hablamos de lo que podríamos hacer.

En lugar de decir «tengo que», «hay que», «debería» o «intentaré», cambiamos a construcciones como «voy a», «quiero» o «puedo».

En lugar de decir «sí, pero...», decimos «sí, y...».

Nos hacemos amigos del «sí», afirmamos. Tendemos a tomar la iniciativa en las conversaciones.

Si queremos forzar la consecución de nuestro objetivo, entonces corremos el riesgo de convertir al interlocutor en un simple medio para conseguir el fin.

Cuando lo percibe, se pone a la defensiva. Desconfía, su reacción automática inconsciente es resistirse.

Entonces perdemos toda capacidad de influirle.

Evitamos lo que queremos conseguir.

SIN OBJETIVOS

Estamos en el tercer escalón cuando nos limitamos a dar algo sin esperar nada a cambio.

Dar un abrazo, dinero, ayuda, dar una idea, palabras de apoyo, dar lo mejor en el trabajo, acompañar a alguien, escucharle plenamente...

Sin esperar nada a cambio, de lo contrario estaríamos en el segundo escalón.

Por ello en nuestra mente no visualizamos nada. Simplemente damos fruto de manera espontánea.

Estamos funcionando sin objetivos.

La emoción que nos impulsa es el amor.

Amor a otra persona, al trabajo bien hecho, amor al arte, a una buena conversación...

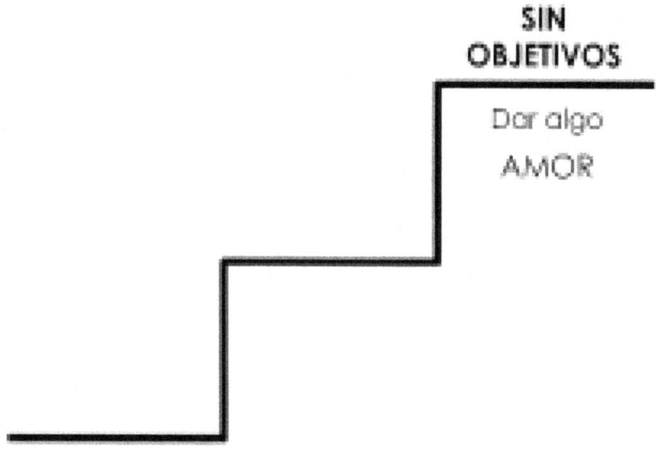
SIN
OBJETIVOS
Dar algo
AMOR

REALIZACIÓN SIN EGO

Un niño que se deja fluir dibujando sin ninguna pretensión, como en un juego, saca lo que lleva dentro y en ese momento se realiza.

Expresa en acto lo que llevaba en potencia en su interior.

Si tuviera alguna expectativa, como conseguir la aprobación de sus padres, no se expresaría libremente y dejaría de ser auténtico. No entregaría lo que realmente lleva dentro.

No estaría expresando su yo, sino su ego.

El ego es el falso yo, una máscara que nos ponemos para evitar algo que nos da miedo o para conseguir algo que ambicionamos.

El ego impide la presencia del yo. Si el ego habla fuerte, al yo casi ni se le oye. Tienden a excluirse mutuamente.

Ese ego es útil porque con el miedo conseguimos sobrevivir y con la ambición logramos mayor comodidad.

Pero solo fluyendo sin ego, sin esperar nada a cambio, sin objetivos, desde el juego, desde el amor por lo que se está haciendo, es posible expresar nuestro verdadero yo y entonces realizarnos.

Por eso la vida desde el ego es solo supervivencia. Mi cuerpo sigue funcionando pero en realidad mi verdadero yo está siendo suprimido.

Con objetivos podemos sobrevivir, sí, pero solo sin objetivos podemos realizarnos y vivir de verdad.

SIN
OBJETIVOS
OBJETIVOS
POSITIVOS
OBJETIVOS
NEGATIVOS
EGO
YO
Sobrevivir
Vivir

RESULTADO INESPERADO

Un artista que crea su obra sin dejarse llevar por el qué dirán, se realiza, da fruto auténtico. Por eso acaba gustando a más gente. Aunque no es lo que andaba buscando.

Un orador que simplemente aporta a los demás lo mejor que lleva dentro, sin pretender gustar, ni convencer, ni conseguir nada a cambio, causa la mejor de las impresiones. Aunque no estaba preocupado por lograrlo.

Un empleado que fluye haciendo su trabajo simplemente porque le sale de dentro hacerlo bien, acaba siendo reconocido por su profesionalidad. Aunque no lo hacía por eso.

Una persona que conversa distendidamente con otra sin pretender conseguir nada suele conseguir lo máximo. Pero no era esa su intención.

Cuando funcionamos sin objetivos no esperamos ningún resultado, y sin embargo solemos conseguir lo máximo que puede conseguirse en cada situación.

Sin buscarlo, estamos en nuestro máximo potencial.

Antes, en los otros escalones, cuando queríamos evitar algo lo provocábamos y cuando ansiábamos conseguir algo lo evitábamos.

Ahora, cuando no pretendemos conseguir absolutamente nada, conseguimos lo máximo. Es la Ley Natural del Amor Verdadero.

Así es como funciona el Universo. Aunque nos resulte extraño, estas son sus leyes.

El éxito se consigue cuando no se persigue.

LA SEGUNDA TRAMPA

Imaginemos que un artista desconocido se deja fluir con su arte y publica un álbum musical muy auténtico.

Imaginemos ahora que el álbum acaba siendo un gran éxito comercial. Nuestro artista se hace famoso y gana mucho dinero.

No es lo que buscaba, pero ocurre. Así que bienvenido sea.

Existe ahora el riesgo de que la gloria pueda atraparle.

Puede pasar que cuando se ponga manos a la obra para componer su próximo álbum empiece a pensar en agradar, en el dinero. Y que entonces ya no sea tan auténtico, que no se deje fluir con lo que lleva dentro.

Habrá caído del tercer escalón al segundo.

El tercer escalón está tan arriba que resulta muy fácil caerse de él. Es la segunda trampa de la escalera.

Porque en el tercer escalón no buscamos nada pero conseguimos mucho. Entonces podemos quedarnos atrapados por la seducción del resultado.

Podemos desconectarnos de la autenticidad, dejar de dar lo que llevamos dentro y buscar desesperadamente otra dosis de la recompensa que ya hemos catado y que nos ha enganchado.

Hemos confundido el éxito con el logro.

Porque el logro es recibir, mientras que el verdadero éxito va a ser siempre dar.

VACÍO INTERIOR

Un objetivo define algo exterior que queremos conseguir y por lo tanto lo único que hace es reflejar algo que falta, una carencia interior que necesitamos sanar de algún modo.

Evidentemente, si tengo hambre necesito encontrar en el exterior la comida que me falta.

Lo que ocurre es que la verdadera realización tiene poco que ver con la satisfacción de nuestras necesidades básicas. De hecho, a veces la verdadera realización puede llevarnos a sitios muy incómodos e incluso peligrosos.

Además, también es verdad que no siempre que como es porque tengo hambre. Algunas veces como por aburrimiento, otras como cuando lo que tengo es sed y muchas veces como por algún tipo de ansiedad.

Estoy comiendo, pero en realidad estoy buscando compensar otra carencia distinta.

Estoy tratando de llenar mi vacío interior.

Comer me dará una satisfacción momentánea pero nunca podrá llenar el vacío interior. Porque no tiene nada que ver con ese vacío.

Es como ponerme crema hidratante en una mano mientras tengo la otra en el fuego. La crema hidratante es muy agradable pero lo que estoy haciendo no tiene sentido. Si sigo poniéndome crema, cada vez me dolerá más la mano que se está quemando. Aunque me ponga más crema en la otra...

Si sigo comiendo, comprando, acumulando poder o buscando el reconocimiento para llenar ese vacío, en realidad cada vez me sentiré más vacío. Como beber agua salada para calmar la sed.

La auténtica realización viene solo entregando fuera lo que llevo dentro. Es la materialización de un potencial interior.

No se trata de mi carencia, sino de aquello que puedo entregar. No se trata de lo que me falta sino de lo que me sobra. No es una gestión de mis miserias, sino de mi abundancia. No tiene que ver con mis defectos sino con mis capacidades.

El Universo suele ser difícil de comprender porque muy a menudo es contra-intuitivo.

Resulta que cuanto más damos, más llenos nos sentimos y, sin embargo, cuanto más recibimos, más vacíos estamos.

Entonces, si me siento vacío lo indicado no es tratar de llenarme, sino dar, vaciarme.

Es La Paradoja del Vacío Interior.

Es tan sorprendente que por eso no solo resulta difícil de entender sino también de creer, y sobre todo, de practicar.

PSEUDOAMOR
Y BUENISMO

A veces no entendemos lo que significa dar sin esperar nada a cambio. No entendemos lo que es funcionar desde el amor.

Creemos que es un imperativo moral, algo que es necesario hacer para ser buena persona. Para ser aceptados por los demás o para ir al cielo. Seguimos las leyes humanas, en lugar de seguir las leyes de la naturaleza.

Nos forzamos a nosotros mismos a dar a los demás, pero en realidad lo hacemos para conseguir algo a cambio.

Queremos creer que estamos en el tercer escalón. Y queremos demostrárselo a los demás. Pero al hacerlo nos acabamos de colocar en el segundo. Y el miedo a reconocerlo nos suele colocar en el primero.

Sufrimos de pseudoamor.

Cuando sufrimos de pseudoamor vivimos muy engañados. Creemos que amamos a otras personas, a nuestra pareja, a nuestros hijos, pero en realidad nuestro supuesto amor está condicionado a lo que recibimos a cambio.

Si nuestra pareja no nos devuelve nuestro afecto, entonces nos distanciamos. Si nuestros hijos no hacen lo que creemos que es mejor (normalmente lo que nos dejaría tranquilos a nosotros, no a ellos), entonces nos enfadamos.

Todo esto no es amor, es pseudoamor, porque el amor es dar sin esperar nada a cambio.

Algunas personas me dicen «pero al final siempre esperas algo a cambio, aunque solo sea la satisfacción que te produce amar».

Entonces les contesto que sus palabras son un síntoma claro de pseudoamor, en el que todos solemos caer.

No es que no sepamos amar, simplemente hemos olvidado lo que es amar. Porque todos hemos amado alguna vez en la vida, todos hemos fluido sin objetivos en muchas ocasiones. Aunque no lo recordemos, sabemos hacerlo.

Otras veces confundimos el dar con darlo absolutamente todo. Hemos experimentado la vida en el tercer escalón y pretendemos llevarla al extremo, forzándola. Entonces damos todo lo que tenemos a cualquiera que se nos presenta.

Olvidamos que hay una gran diferencia entre dar y ser estúpido. La experiencia del tercer escalón nos ha dejado un poco atontados. Padecemos de buenismo.

Un buen día despertamos del sueño y nos damos cuenta de que todo el mundo nos está tomando el pelo. Entonces solemos reaccionar con ira y rechazo, los derivados del miedo. Y así caemos de cabeza en el primer escalón.

El pseudoamor y el buenismo, así como el miedo innecesario y la ambición excesiva, no son más que inflamaciones del carácter que se producen cuando no funcionamos de acuerdo a las leyes naturales.

Como no encajamos con el Universo, el intento de acoplarnos produce una resonancia entre ambos que es dañina y que seguirá empeorando si no le ponemos remedio.

SILENCIO

Cuando funcionamos sin objetivos nuestra mente va deteniendo su emisión de imágenes, sonidos y palabras y se coloca en modo recepción.

No estamos visualizando un resultado ni estamos anticipando una consecuencia.

No hay expectativas.

La mente se vuelve silenciosa.

Nuestra atención está relajadamente enfocada en el momento y lugar presentes.

Los demás lo notan porque callamos más que hablamos. Nos tomamos tiempo entre la intervención del otro y la nuestra. Damos espacio a sus palabras en nuestra mente.

Si no entendemos lo que dice, le pedimos que nos lo vuelva a explicar. Aportamos una escucha profunda y verdadera.

Podemos no estar de acuerdo y al mismo tiempo dar nuestra comprensión: «te entiendo...», «comprendo lo que dices...», «entiendo que lo veas así...».

Nuestro interlocutor se siente verdaderamente escuchado, entendido y valorado.

El resultado es que está dispuesto a escucharnos, a entendernos y a valorarnos.

De este modo, sin buscarlo, nos colocamos en la posición de máximo potencial para influir.

LA TERCERA TRAMPA

Cuando empezamos a funcionar sin objetivos y experimentamos todo lo bueno que nos reporta, entonces deseamos funcionar de esta manera en todas las facetas de nuestra vida.

Aspiramos a vivir sin objetivos.

Así es como caemos en la tercera trampa que consiste, precisamente, en querer vivir sin objetivos.

Porque si quiero vivir sin objetivos, me acabo de marcar un objetivo.

Uno no quiere vivir sin objetivos. Simplemente lo hace.

Vivir sin objetivos es tan simple que por eso resulta tan difícil.

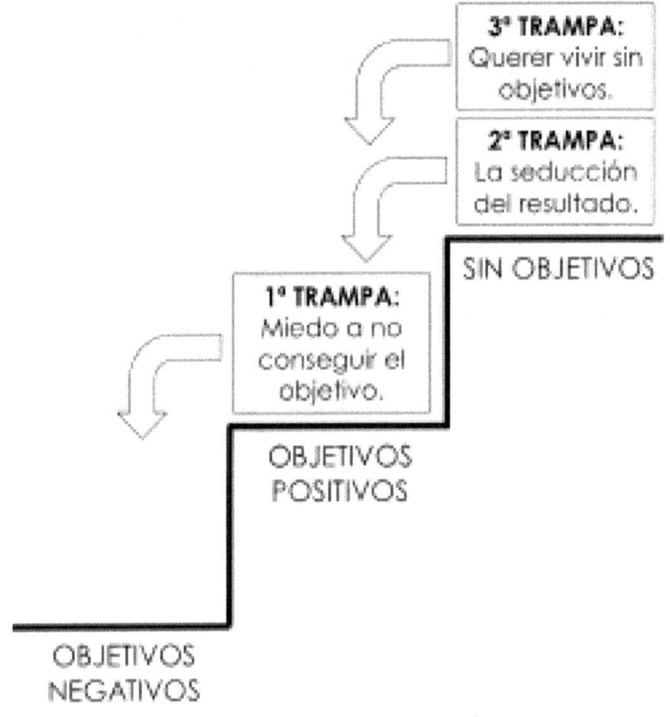

3ª TRAMPA: Querer vivir sin objetivos.
2ª TRAMPA: La seducción del resultado.
SIN OBJETIVOS
1ª TRAMPA: Mieda a no conseguir el objetivo.
OBJETIVOS POSITIVOS
OBJETIVOS NEGATIVOS

CÓMO

QUÉ O CÓMO

He tenido la suerte de haber conocido a profesionales de la limpieza que trabajaban en las mismas oficinas que yo y que lo hacían con alegría, siempre saludando con una sonrisa, con ilusión por realizar un trabajo bien hecho.

Dejaban las oficinas bien limpias y ordenadas, los baños relucientes para que los demás pudiéramos estar a gusto.

En esas mismas oficinas, algunos directivos que ganaban cien veces más dinero que ellos, eran incapaces de recoger un trozo de papel higiénico cuando se les caía en el suelo. Ni siquiera lo veían.

Tenían un puesto de trabajo «prestigioso» y ganaban mucho dinero, pero eran personas infelices. Porque estaban enajenados con millones de objetivos que los poseían. Que les hacían estar en tensión continua. Desconectados de sí mismos.

Cuando llevamos a cabo cualquier actividad, podemos hacerlo con la intención de evitar algo, de conseguir algo o de dar algo.

Es esta intención la que determinará la energía y el estado interno en el que nos encontraremos en ese momento, mientras llevamos a cabo la acción.

Desde la intención correcta siempre funcionamos de la mejor manera posible y además, sin quererlo, también obtenemos el mejor resultado posible, hacia fuera y hacia dentro. Sea cual sea la actividad.

Resulta muy liberador comprender que lo fundamental en la vida no es lo que hacemos, sino que lo verdaderamente importante es cómo lo hacemos, es decir, con qué intención.

SIEMPRE ES POSIBLE

No siempre podemos escoger lo que nos toca hacer, pero siempre podemos escoger cómo lo vamos a hacer.

—Pero yo soy vendedor y por lo tanto cuando estoy con un cliente lo que tengo que hacer es venderle, ¿no? ¿No debería ser esa mi intención? ¿No debería buscar conseguir esa venta, mantenerme en el segundo escalón?

Cuando estás con un cliente puedes enfocarte en venderle. Pero en ese caso venderás menos de lo que realmente podrías. Porque estarás pensando en ti y no en el cliente y entonces acertarás menos.

El cliente será un medio para conseguir el fin y se dará cuenta. Entonces se resistirá por miedo a ser utilizado, a que se aprovechen de él...

Otra posibilidad es querer ayudarle en todo lo que buenamente puedas. Y en ese caso acabarás vendiendo mucho más.

Porque acertarás en tus planteamientos y tu cliente se sentirá tratado como una persona. Entonces estará mucho más dispuesto a comprar.

No es lo que buscabas, pero sucederá. La gente no se da cuenta de que en realidad vender es servir a los clientes, ayudarles, darles.

Eso es la venta bien entendida.

Eso es cualquier profesión bien entendida.

En realidad, cualquier situación puede vivirse desde cualquiera de los tres escalones.

Porque yo puedo abordar cualquier situación con la intención de evitar algo, de conseguir algo o bien de dar algo.

Por eso funcionar sin objetivos siempre es posible.

CONOCES LA VERDAD

Según los datos del *National Weight Control Registry* de EEUU, el 80% de las personas que pierden más de un 10% de su masa corporal en menos de un año lo acaban recuperando e incluso sobrepasando al año siguiente.

Esto significa que, si quiero perder peso y me esfuerzo a tope por conseguirlo, lo más probable es que al final acabe aún más gordo de lo que estaba al principio.

¿Qué pasaría si en lugar de ponerme en tensión con un objetivo como adelgazar sencillamente me relajara?

La respuesta que primero acude a la mente es: «¡*Empezaría a comer mucho más chocolate y engordaría aún más!*».

Es una respuesta impulsada por el miedo.

Si sencillamente dejamos pasar esa respuesta por nuestra mente, como el que ve un coche cualquiera que pasa por la carretera, sin interés alguno, observándola desde lo lejos, entonces aparecerán nuevas respuestas, nuevos coches por la carretera.

Ese miedo pasará de largo.

«Si estuviera realmente relajado...

...en realidad...

...en realidad...

...no necesitaría comer chocolate».

EL VERDADERO OBSTÁCULO

Casi toda mi vida he creído que era un negado para hacer estiramientos. Jamás conseguí progresar a pesar de esforzarme mucho.

Hace unos años mi mujer me invitó a una clase de yoga. Me sorprendió una frase que decía a menudo la profesora:

«Buscad la comodidad en la postura».

¿La comodidad? ¿Qué comodidad? ¿De qué me está hablando esta señora? ¿No ve que estoy agonizando?

Semanas más tarde, mientras estiraba por mi cuenta en el gimnasio, sus palabras resonaron de nuevo en mi cabeza. Entonces empecé a buscar esa comodidad.

Lo primero que hice fue dejar de hacer fuerza. Nunca antes se me había pasado por la cabeza la posibilidad de estirar sin hacer fuerza.

Disminuí la exigencia de la postura hasta llegar a un punto en el que no sintiera dolor.

Entonces sencillamente me quedé observando si podía encontrar esa comodidad.

Encontré que me daba placer sacar el aire mientras permitía que mis lumbares se relajaran. Me limité a fluir con esa sensación, a soltarme.

En menos de un minuto, conseguí llegar mucho más lejos de lo que había logrado en toda mi vida. En ese momento aprendí lo que realmente era hacer estiramientos.

Desde entonces, sin buscarlo, no he dejado de progresar.

Lo más duro fue darme cuenta de que todo el trabajo que había hecho hasta entonces, durante años y años, no solo no me había aportado más flexibilidad, sino que me la había estado restando.

Todos esos años de esfuerzo y lucha invertidos sin saberlo en empeorar.

Había estado todo ese tiempo peleando conmigo mismo. Una batalla absurda donde solo es posible perder.

El verdadero obstáculo era yo.

Ahora tengo claro que la naturaleza de los objetivos es la tensión. La resistencia contra lo que hay. Y cuando resisto lo que hay, lo que hay se suele resistir de vuelta.

Yo mismo me resisto de vuelta al dolor que me inflijo a mí mismo cuando hago estiramientos. El resultado es la rigidez. No hay avances. Hay retrocesos.

Yo mismo me convierto en mi peor obstáculo. La mayor parte de las veces sin saberlo.

Es posible pasar una vida entera peleando con uno mismo y llegar a la tumba sin ni siquiera habernos dado cuenta.

Sin embargo, existe la posibilidad de vivir sin objetivos, que en esencia es fluir con lo que hay.

Este fluir con lo que hay es una relajación activa que da juego y movimiento.

Ese movimiento define una dirección.

Entonces, sin necesidad de marcar ningún objetivo, el destino correcto se muestra por sí mismo.

Pero solo si se lo permitimos.

RELAJACIÓN ACTIVA

¿Se puede ser uno mismo estando agarrotado? ¿Podemos realizarnos luchando con nosotros mismos? ¿Podemos sacar nuestro máximo potencial a través de un gran esfuerzo? ¿Es posible estar en tensión y ser feliz?

No conozco tu respuesta, pero la mía es que no. En mi caso, no. A mí la tensión me ha arruinado algunos de los mejores años de mi vida y ahora lo veo claro.

La relajación es un ingrediente esencial para funcionar sin objetivos.

Porque es al mismo tiempo causa y también consecuencia. La relajación permite fluir, y cuando puedo fluir puedo sacar lo mejor de mí mismo. Cuando saco lo mejor de mí mismo me siento bien. Entonces simplemente me relajo más.

Pero cuidado, relajación no es laxitud.

Aquí estamos hablando de lo que podríamos llamar una relajación activa.

Un bailarín expresa todo lo que lleva dentro cuando conecta con ese estado dinámico donde en cada momento está activo lo que necesita estar activo, en el grado justo en el que necesita estar activo. El resto está relajado, pero también relajadamente disponible.

Entonces es capaz de moverse por el escenario con la gracia de un felino. Este es el baile del que estamos hablando.

«Sujeta la espada como si fuera un pajarito. Ni demasiado fuerte para no asfixiarle, ni demasiado flojo para que no salga volando», le decía el maestro de esgrima a Scaramouche.

Pues se trata exactamente de eso. De una relajación en pleno movimiento que permite la máxima expresión de ese movimiento.

Es así como se manifiesta todo su potencial y, sin buscarlo, se alcanza el mejor resultado posible.

ACEPTAR LO QUE HAY

Algunas de las chicas con las que salí de joven fumaban. Yo siempre trataba de convencerlas, con mucho cariño, de que dejaran de fumar.

Entonces lo dejaban por un tiempo. Pero pronto volvían a caer.

Cuando conocí a la que iba a ser mi esposa, también fumaba. Empezamos a salir y no tardé en darme cuenta de que quería casarme con ella.

En un ejercicio de racionalidad que me pareció necesario para una decisión tan importante, hice una pequeña lista mental de «pros y contras».

Fumar no era precisamente un pro en esa lista. Me daba miedo que pudiera tener problemas de salud en el futuro.

Afortunadamente pude oír bien fuerte una voz que gritaba en mi interior: «me quedo con el paquete completo».

Me di cuenta de que me daba igual que fumara o no. Me daba igual cuál fuera nuestro destino, siempre y cuando estuviéramos juntos. La acepté tal cual era, con todas las consecuencias.

Nunca jamás, ni una sola vez, le dije nada acerca del tabaco.

Meses más tarde dejó de fumar y nunca más volvió a hacerlo. De esto hace ya dieciocho años.

¿Significa esto que dejó de fumar porque yo acepté que fumaba?

No. Lo que significa es que yo no fui un obstáculo para que dejara de hacerlo.

¿Qué sentido tiene insistirle a una persona para que deje de fumar? ¿Es que acaso no conoce claramente las consecuencias? ¿Acaso pensamos que insistiendo más la ayudamos?

No nos damos cuenta, pero en realidad cuando lo hacemos simplemente añadimos más lastre a su ya de por sí pesada carga.

Si resulta que no puedes dejar de fumar y encima ves que tu pareja está preocupada por ello, sufres aún más y ese sufrimiento agrava tu problema.

Esa insistencia en querer que cambies encierra además un cierto rechazo hacia ti. Si quiero que cambies es porque en realidad no te acepto tal y como eres ahora mismo.

A nadie nos gusta sentirnos rechazados. Por ello la reacción natural al rechazo es la resistencia. Al principio de manera inconsciente, pero cada vez de manera más consciente. Llega un punto en el que cuanto más te insisten en que cambies, menos quieres hacerlo.

Lo mismo ocurre cuando queremos cambiarnos a nosotros mismos.

Solo el día en el que aceptamos incondicionalmente aquello que queremos cambiar de nosotros mismos, entonces, si eso realmente tiene que cambiar, cambia.

Instantáneamente y sin esfuerzo alguno.

ENTENDER Y RECORDAR

Pero claro, ¿qué significa exactamente aceptar?

¿Significa pasar de todo? ¿Que no me importe? ¿Rendirme? ¿Tragar?

No, en absoluto. La aceptación es precisamente pura relajación activa. No es una decisión que tomo y ya está. Al contrario, se trata de un proceso y por lo tanto es actividad, no pasividad.

Este proceso requiere de dos ingredientes principales. El primero es entender.

Cuando yo me pongo a comer chocolate compulsivamente no es porque tenga hambre. Tampoco es porque necesite más nutrientes o vitaminas.

Entonces, ¿por qué es? ¿Qué ando buscando cada vez que meto la mano en el armario de los dulces?

Imaginemos que encuentro mi propia respuesta personal a esta pregunta. Uno puede llegar a saber cuál es la respuesta porque después de mucho pensar en ello, de golpe y porrazo llega. Se produce un darse cuenta, un *insight*. Sabes que es tu respuesta.

Imaginemos que al final me doy cuenta de que cuando empiezo a comer chocolate en realidad lo hago simplemente para quedarme tranquilo.

Ya estoy en pleno proceso de aceptación.

Pero el trabajo no acaba aquí. El segundo ingrediente de la aceptación es recordarlo, tenerlo bien presente.

De nada me sirve entender mi verdadera motivación si cuando alguien me acerca un plato con dulces me olvido de ella.

Si por el contrario al acercarme a ese plato recuerdo que en realidad lo que estoy buscando con el chocolate es quedarme tranquilo, si estoy plenamente conectado con esta verdad, entonces...

Pues entonces, paradójicamente, la simple presencia del chocolate me deja tranquilo, de manera instantánea.

Sin necesidad de comer. Sin necesidad de resistirme a comer. El cambio acaba de producirse sin esfuerzo alguno.

Siempre y cuando sea realmente necesario. Porque en caso contrario acabaré decidiendo que simplemente no quiero cambiar.

Todo este proceso solo ocurre si no se fuerza.

De lo contrario es como tratar de recordar una palabra que tenemos en la punta de la lengua: cuanto más esfuerzo hagamos, más se nos resistirá.

En realidad, se trata simplemente de dejar que se muestre.

Con objetivos queremos entender. Sin objetivos nos permitimos entender. Con objetivos forzamos una decisión: rendirse o resistir. Sin objetivos nos dejamos fluir, entendemos, recordamos y aceptamos de manera natural.

Cuando aceptamos y entendemos lo que hay, podemos trabajar con lo que hay.

Entonces empezamos a tomar la dirección correcta.

LA DIRECCIÓN
CORRECTA

«Yo odiaba el tenis con toda mi alma y lo odié la mayor parte de mi carrera. Fui el número uno más infeliz del mundo».

Son palabras de André Agassi, ex número uno del mundo y ganador de ocho «Grand Slams»

La mayoría de las personas se extrañan cuando les hablo de la posibilidad de funcionar sin objetivos. Algunas se inquietan. Otras se asustan. A veces me responden un poco molestas, como ofendidas por el «sinsentido» de mis palabras.

Suele ser porque identifican funcionar sin objetivos con funcionar sin dirección. Vivir sin objetivos con vivir sin sentido.

Y, sin embargo, de la misma manera que es posible actuar con objetivos en la dirección equivocada, también es posible actuar sin objetivos y en la dirección correcta.

Igual que es posible vivir con objetivos pero sin sentido, es posible vivir sin objetivos y con sentido pleno.

Hay personas que han conseguido el empleo de sus sueños, amasar una gran fortuna, triunfar según sus estándares, y sin embargo están tumbadas en la cama con depresión. Consiguieron sus objetivos, sí, pero ¿para qué?

Sin embargo hay personas que quizás viven con bien poco pero simplemente son felices disfrutando a tope con lo que hacen. Su vida tiene sentido pleno.

La errónea identidad entre objetivos y sentido nos la inculcan desde muy pequeños.

Cuando le preguntamos a un niño el clásico «¿Qué quieres ser cuando seas mayor?» le estamos ayudando a marcarse una dirección a través de un objetivo. Si visualiza lo que quiere ser, se dirigirá hacia ello. La intención es buena, le queremos ayudar a «triunfar» en la vida.

El problema es ¿cómo puede este niño saber lo que quiere ser de mayor? ¿Cuántas profesiones conoce realmente de las que existen hoy en día? ¿Cuántas profesiones no existen hoy pero existirán cuando él esté trabajando? ¿De las profesiones que conoce, qué sabe realmente? Si dice que quiere ser bombero, ¿por qué lo dice? ¿Quizás porque un día vio una película donde un bombero fuerte y guapo salvaba a una chica preciosa del fuego y se acababan enamorando?

En realidad, si termina siendo bombero tiene las mismas probabilidades de ser feliz que si acaba ejerciendo cualquier otra profesión escogida al azar. El objetivo marcaba una dirección pero no tenía sentido.

Si queremos ayudarle a realizarse, lo mejor que le podemos preguntar al niño es:

¿Qué te gusta hacer?

¿Qué se te da bien?

Son dos preguntas que apuntan hacia el mismo sitio: el talento natural, el fruto que ese niño lleva en su interior.

Ambas preguntas se relacionan en una espiral virtuosa: cuando a alguien le gusta hacer algo, lo hace más. Cuanto más lo hace, mejor le sale. Si le sale mejor, le gusta más. Y así sucesivamente. Esta es la manera en la que se desarrolla un talento o una habilidad.

Y después un mismo talento puede aplicarse a muchos trabajos diferentes.

Si, sea cual sea nuestro trabajo, somos capaces de volcar en él nuestros talentos, el trabajo saldrá mejor. Si continuamos así un cierto tiempo, saldrá excepcionalmente bien. Y un resultado excepcional es sin duda una llave que abre muchísimas puertas...

Pero lo verdaderamente importante es que cuando le hacemos al niño estas dos preguntas, ponemos su atención en el desarrollo de su potencial.

Desarrollar nuestro potencial es lo que realmente tiene sentido en una profesión, y también en la vida.

Cuando convertimos el potencial en acto y traemos al mundo el fruto que llevamos en nuestro interior, simplemente nos sentimos realizados, felices. Estamos cumpliendo nuestra misión y lo percibimos. En el fondo nos da igual si luego alguien nos abre una puerta o no...

De hecho, incluso da igual si ese potencial lo empleo haciendo de bombero, de médico o sirviendo margaritas en un chiringuito de playa.

De nuevo, lo importante no es el trabajo que hacemos, sino cómo lo hacemos. En cualquiera de los casos, si realmente estamos realizando nuestro potencial en el día a día, simplemente seremos felices.

La consecuencia directa de realizarnos será que, además de sentirnos bien, nos levantaremos por la mañana con alegría y ganas de trabajar.

Entonces será más fácil que tengamos trabajo, porque los empresarios están deseosos de contratar empleados que tienen ilusión y ganas de trabajar.

Pero más importante que eso: tendremos un trabajo con sentido pleno. Sea cual sea el trabajo.

LA VOZ INTERIOR

Cuando le preguntamos al niño «¿qué quieres ser de mayor?» le estamos marcando un objetivo desde el exterior, la imagen de un resultado externo que el niño desea conseguir.

Cuando le preguntamos «¿qué te gusta hacer?», o «¿qué se te da bien?», no hay objetivos, pero se define una dirección muy clara, en este caso desde el interior.

Hay una dirección y un sentido implícitos que surgen de dentro, de un lugar muy profundo, del lugar correcto porque contiene la información correcta.

Y este es el quid de la cuestión. Porque la dirección y el sentido nunca vienen del exterior.

El exterior es solo un campo de oportunidades para realizar y experimentar el potencial.

Pero el potencial está dentro y desde dentro es desde donde nos habla.

Lo que pasa es que a menudo la voz interior es un susurro y muchas veces ni siquiera habla con palabras.

No estamos acostumbrados a hablar con nuestras sensaciones, con nuestra intuición, o con las imágenes que aparecen en nuestra cabeza. No estamos acostumbrados a hacernos preguntas y limitarnos a esperar las respuestas. Sin forzarlas, sin apresurarlas.

Además, el ruido de los objetivos suele ser ensordecedor. Los objetivos positivos se reproducen en nuestra mente como conejos y son ruidosos como cotorras.

Los objetivos negativos no solo son ruidosos; son escandalosos, porque gritan para ahogar el sonido de la voz interior a la que temen.

Pero la voz interior siempre está ahí. Y tiene algo importante que decirnos.

DAR MÁS DE LO ESPERADO

Si nos relajamos y escuchamos bien, oiremos que la voz interior nos dice que demos más.

Siempre nos pide dar más de lo esperado.

Imaginemos por ejemplo que el jefe nos ha pedido hacer las tareas «A», «B» y «C».

La voz interior dice que de acuerdo. Pero que además podemos entregar «X».

Se trata de un fruto adicional que nadie espera pero que sentimos que sería bueno entregar y además nos sale de dentro hacerlo a nuestra manera.

En cuanto queremos dar más de lo esperado, entramos en sintonía con las leyes de la naturaleza y el Universo empieza a bailar con nosotros.

Para empezar, la motivación intrínseca de entregar «X» y hacerlo a nuestra manera, aportando y sin que nadie lo espere, es una fuerza tan intensa que nos da energía para afrontar con más ganas «A», «B» y «C», que en sí mismas quizás eran tareas que no nos apetecían nada.

Además, cuando entregamos «X», lo hemos trabajado tan bien y es algo tan inesperado y necesario, que nuestra aportación deja al otro descolocado y feliz. Es un regalo y una sorpresa. Se siente muy agradecido y empieza a admirar nuestro trabajo.

A corto plazo es posible que nos pida que hagamos más «X» (que nos gusta). Lo cual nos da la oportunidad de pedir hacer menos «A» (que no nos gusta).

En el medio plazo obtendremos algunas recompensas por el fruto de nuestro trabajo. Aunque no era lo que estábamos buscando, les daremos la bienvenida.

En el largo plazo, si lo hacemos bien, transformaremos progresivamente nuestro puesto de trabajo «estándar» y gris en uno con más color y más a medida de nuestro talento.

Durante todo este proceso nuestra alegría profesional irá creciendo poco a poco y progresivamente irá contagiando otras áreas de nuestra vida.

Si doy fruto suficiente y de manera sostenida en el tiempo, entonces empieza a ocurrir algo muy especial.

Llega un momento en el que ya no necesito ponerme a tomar dulces de manera compulsiva. Simplemente porque el vacío interior ya no está allí.

Cuando doy fruto abundante el Universo se ajusta a mí automáticamente. De manera natural, sin forzarlo, sin forzarme, sin objetivos, sin intención. No lo he buscado y por eso lo he encontrado.

Ya no hace falta hacer dieta, forzar una rutina deportiva, obligarme a ser más amable con alguien, preocuparme todo el rato por mi prestigio, por mi reputación...

Cuando doy fruto abundante todo cobra sentido aquí y ahora y el vacío simplemente desaparece. Cuando el vacío desaparece, el objetivo deja de tener sentido porque ya no lo necesito.

Así llegamos a una conclusión radical que contradice la lógica establecida en la cultura occidental: la incompatibilidad entre sentido y objetivos.

Estamos diciendo entonces que si mi vida tiene sentido, los objetivos no lo tienen. Porque no los necesito, no me hacen ninguna falta.

Y si por el contrario tiene sentido marcarme objetivos, es precisamente porque mi vida carece del sentido adecuado.

NO SE ENTRENA

Una de las dificultades de funcionar sin objetivos es que no puede entrenarse.

En cualquier momento puedo caer presa del miedo excesivo o de la ambición innecesaria.

Da igual lo listo que sea, lo sabio que sea, o lo bien que lo haya hecho hasta ahora.

En cada situación es como si empezáramos de nuevo; la vida nos da la libertad de escoger cómo queremos afrontarla. Cualquier situación es susceptible de ser vivida desde cualquier escalón y lo fácil es caer, porque la gravedad tira fuerte.

El que lleva un cierto tiempo arriba y se confía, cae igual que cualquier otro, solo que haciendo mucho más ruido.

Vivir sin objetivos es un examen permanente que no termina nunca. En el que la vida me interroga continuamente y yo respondo con mi fruto, aquí y ahora.

CONFUSIONES HABITUALES

NO SOLO PAN

En un anuncio de televisión preguntaban a las personas que pasaban por la calle qué le iban a regalar a su abuela las próximas Navidades.

Una bonita bufanda, una cubertería nueva, un teléfono... cada uno respondía algo distinto.

Entonces les preguntaban qué le regalarían si supieran que iban a ser sus últimas Navidades.

Todos respondían sin excepción que lo que harían sería estar con ella para aprovechar hasta el último minuto. Es decir, le iban a dar el regalo de su compañía, su presencia plena.

Es posible confundir el dar de vivir sin objetivos con un dar material.

Es cierto que en ocasiones lo es. Pero incluso cuando entregamos algo material, lo importante no es lo que entregamos, sino cómo lo entregamos.

Si tu hijo te regala un libro porque es Navidad y toca, no es lo mismo que si te lo regala de manera espontánea cuando no te lo esperas.

Que te regale un libro tampoco es lo mismo a que te lo regale con una bonita dedicatoria.

Que te regale un libro con una dedicatoria no es lo mismo a que te regale una bonita y extensa carta donde expresa sus sentimientos hacia ti.

Lo que se regala no es el objeto, lo que se regala es amor.

La limosna no es el pan que se da, es el respeto con el que se da, de igual a igual, que alimenta más que el pan.

Por otro lado, a menudo alguien quiere que yo le entregue algo que no puedo o no quiero darle. No pasa nada por no dárselo si realmente siento en mi interior que eso es lo correcto.

Si funciono con objetivos me suelo poner a la defensiva, tengo miedo de que se lo lleve, o tengo miedo de cómo reaccionará si no le dejo llevárselo. Entonces la conversación suele acabar más o menos mal.

Sin objetivos le doy mi respeto, mi atención y mi comprensión. Acepto que la persona me esté pidiendo lo que me pide, y entiendo que me lo pida.

Al mismo tiempo también acepto que no se lo quiero dar y lo expreso con transparencia y respeto.

La otra persona quizás no quede satisfecha, pero se siente bien tratada.

Es la mejor de entre todas las soluciones posibles en ese momento.

Es la respuesta de mayor potencial.

SIN OBLIGACIONES

Vivir sin objetivos no es vivir sin obligaciones.

Es imposible vivir sin obligaciones porque la vida continuamente nos pone obligaciones por delante, empezando por la obligación de respirar.

Vivir sin objetivos simplemente consiste en no imponerme a mí mismo obligaciones que en realidad son absurdas.

Pueden ser absurdas porque en el fondo sé que nos las voy a llevar a cabo, porque provocan lo que quiero evitar, porque carecen de sentido verdadero...

Muy a menudo son absurdas porque, si prestamos atención, nos damos cuenta de que en realidad esos objetivos no los hemos decidido nosotros sino que nos los ha marcado la sociedad.

Hace poco descubrí que en realidad no soy diestro sino zurdo. Hacía ya un tiempo que tenía mis sospechas, pero fue en clase de boxeo, entrenando los cambios de guardia, donde gracias a la ayuda de Juanjo, mi profesor, despejamos cualquier duda. Juanjo me puso a prueba con distintos golpes, esquivas y movimientos, y la verdad es que aluciné de lo mucho mejor que lo hacía con la guardia zurda.

Por un lado, me alegré porque descubrí por fin por qué mi directo no acababa de cuajar y por qué mi *jab* era un poco pesado. Estaba luchando contra mi postura natural.

Con la guardia correcta, ahora mi *jab* es mucho más explosivo y soy capaz de desarrollar el directo en toda su extensión.

Por otro lado, me dejó pensativo.

Igual que había estado practicando el boxeo en pugna conmigo mismo, con el freno puesto, en una posición que no era mi posición natural, me pregunté cuál habría sido el impacto en mi vida de este actuar contra natura. Al escribir, al jugar, al practicar deporte...

Escuchar solo la voz de la sociedad es muy peligroso.

A través de familia, amigos, medios de comunicación, la sociedad me exige continuamente todo lo que tengo que hacer y cómo tengo que hacerlo.

Me dice que tengo que «triunfar» en la vida, que tengo que casarme y tener hijos, que tengo que tener un trabajo fijo, una gran casa, un coche potente, que tengo que estar en forma, la mano que debo usar para escribir, cómo debería ser mi vida sexual...

La voz de la sociedad se atreve incluso a exigirme que tengo que ser feliz. Nada más absurdo, porque la manera perfecta de ser infeliz es forzarse a ser feliz.

Es absurdo dejarme llevar por las voces exteriores que nada saben de mí ni de mi potencial, que nada saben de mi identidad. Hacerles caso me lleva a la lucha conmigo mismo, al agarrotamiento de mi identidad.

Si yo acepto estas exigencias exteriores es a menudo porque en el fondo busco una manera de demostrarme mi valor.

Es un gran error, porque el valor no está para demostrármelo a mí mismo, sino para entregárselo a los demás.

Cuando vivo sin objetivos no necesito demostrarme nada y por eso no necesito imponerme ninguna carga.

Vivir sin objetivos es la mayor de las liberaciones porque en el fondo supone acabar con la peor de todas las esclavitudes: la de uno mismo.

Algo característico que ocurre cuando desconectamos los objetivos es que de repente sentimos un gran alivio porque nos quitamos una enorme carga de encima. Parecido a lo que sentimos cuando empezamos las vacaciones.

Es tan fuerte esa sensación, que todo el cuerpo se relaja, empezamos a respirar de modo diferente y hasta parece que todo se vea con más luz y color.

Entonces pasa algo curioso: resulta que cuantas menos obligaciones me impongo a mí mismo, menos obligaciones me imponen la sociedad y el mismísimo Universo.

Porque a medida que me voy desprendiendo de obligaciones auto-impuestas, cada vez tengo más energía para entregar mi potencial.

Cuanto más entrego mi potencial, mejor me va. Cuanto mejor me va, menos imposiciones recibo del exterior. Porque el exterior no quiere mandarme, sino que más bien me sigue. Porque le gusta lo que hago.

Cuando damos fruto abundante, el Universo entero resuena y empieza a bailar con nosotros.

EL GANDUL

92

La naturaleza es perezosa.

El río siempre transcurre por el lugar más bajo, el relámpago siempre va por el camino de menor resistencia, el león siempre ataca a la gacela más débil y el dinero siempre busca intercambiar al mínimo coste posible.

Porque el camino de menor esfuerzo es el más eficiente y el más rentable.

Por eso la naturaleza siempre busca realizarse con el mínimo esfuerzo.

Entonces no tiene nada de malo ser un gandul.

El problema es ser un gandul tonto.

El gandul tonto tiene la casa desordenada y luego se pasa el día buscando las cosas que no encuentra en un hogar que no le gusta y donde vive permanentemente frustrado. Al final gasta muchísima energía.

El gandul listo ordenó la casa y ahora la mantiene ordenada sin esfuerzo. Encuentra rápido todo lo que necesita y se siente muy a gusto en su agradable pisito. Es quien gasta menos energía.

Porque el gandul tonto solo oye la voz del corto plazo y acaba trabajando mucho más en el largo.

El gandul listo, en cambio, escucha también la voz del largo plazo y entonces fluye como el río, con el mínimo esfuerzo total.

Vivir sin objetivos no es para gandules en general.

Vivir sin objetivos es la filosofía del gandul listo.

Consiste en disfrutar de una vida fluida de máxima realización, con mínimo esfuerzo y tensión, en armonía con las leyes de la naturaleza.

Una espiritualidad práctica que desemboca en la felicidad inmediata, sin ni siquiera buscarla.

LO QUE ME DA
LA GANA

También podemos confundir funcionar sin objetivos con hacer lo que nos da la gana.

Confundir ser nosotros mismos con pasar por encima de los demás como una apisonadora.

Decir lo que pensamos con ser unos maleducados.

Pero entonces, en nuestro interior sabemos que lo estamos haciendo mal. No sabemos cómo hacerlo bien, pero percibimos, de manera más o menos consciente, que estamos en el camino equivocado.

Porque las consecuencias hablan claro y fuerte. Y si no escuchamos, el Universo va subiendo la voz tanto como sea necesario hasta que nos damos cuenta.

La libertad de funcionar sin objetivos es una libertad integradora.

Puede que en un momento determinado un deseo hable fuerte en mi interior. Pero igual que oigo este deseo, también estoy pendiente de las otras voces, de dentro y de fuera, más fuertes o más débiles.

Y me permito encontrar una respuesta que las aglutine todas. Encontrando esa respuesta es como verdaderamente me encuentro a mí mismo.

Entonces me expreso plenamente, al tiempo que permito que las demás personas y el resto del Universo también puedan expresarse en su totalidad.

No me interesa ser yo si eso impide a los demás ser ellos mismos. Porque en tal caso no sería realmente yo.

En realidad solamente es posible ser uno mismo si se permite a los demás ser ellos mismos.

SER MUY HOMBRE

Hace ya un tiempo decidí llamar a las cosas por su verdadero nombre y empecé a hablar del amor en las empresas.

Todavía hoy percibo cierta incomodidad cuando pronuncio esta palabra en un contexto empresarial.

Especialmente entre el público masculino.

Porque existe la creencia entre muchos hombres de que el amor es algo blando o afeminado.

Nada más lejos de la realidad. El amor es la facultad de dar. Y solo puede dar aquel que en potencia tiene algo para dar. El que no tiene para dar simplemente es impotente.

Hace falta ser potente para dar sin esperar nada a cambio.

Llevado al límite, dar algo bueno cuando te están dando algo malo, no solo no tiene por qué ser una muestra de debilidad sino que puede ser la máxima expresión del poder personal, una capacidad reservada a unos pocos.

Algunos hombres (y algunas mujeres también) no se han dado cuenta todavía de que la ridiculización del amor es una herramienta que ha empleado la sociedad precisamente para dominarnos.

Para castrarnos igual que se castra a una mascota a la que se quiere tener controlada.

Al sistema le ha interesado que los hombres no amáramos porque nuestra misión era cazar, guerrear. El negocio de la muerte.

Incapaces de crear, solo útiles para destruir.

Pero la sociedad evoluciona, las conciencias van despertando y cada vez más personas están descubriendo la verdad.

Que la violencia es la manifestación del miedo y que el miedo innecesario es auto-destructivo. Porque el miedo es la expresión en nosotros de la fuerza destructora del Universo.

Que la ambición excesiva nos lleva de vuelta al miedo y a la destrucción. Porque, sorprendentemente, la ambición en realidad no es una fuerza creadora. La ambición es la manifestación en nosotros de la fuerza conservadora del Universo. La fuerza responsable de la homeostasis, de la suma cero, de que todo siga igual.

Y que solo el amor es la verdadera manifestación de la fuerza creadora del Universo.

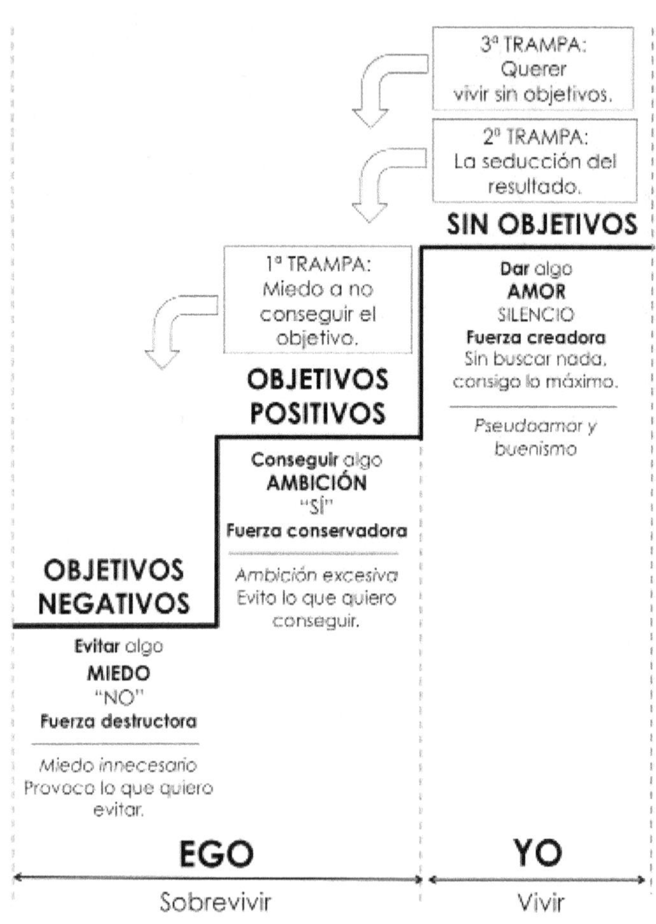
3ª TRAMPA:
Querer
vivir sin objetivos.

2ª TRAMPA:
La seducción del
resultado.

SIN OBJETIVOS

1ª TRAMPA:
Miedo a no
conseguir el
objetivo.

Dar algo
AMOR
SILENCIO
Fuerza creadora
Sin buscar nada,
consigo lo máximo.

Pseudoamor y
buenismo

OBJETIVOS
POSITIVOS

Conseguir algo
AMBICIÓN
"SÍ"
Fuerza conservadora

Ambición excesiva
Evito lo que quiero
conseguir.

OBJETIVOS
NEGATIVOS

Evitar algo
MIEDO
"NO"
Fuerza destructora

Miedo innecesario
Provoco lo que quiero
evitar.

EGO

YO

Sobrevivir

Vivir

DÍA A DÍA

COMIENDO

Me levanto por la mañana, veo mis michelines en el espejo y me digo a mí mismo: «Hoy no voy a comer chocolate».

Entonces me paso el día recordándomelo, «Hoy no voy a comer chocolate». Y cada vez que me lo recuerdo, lo que veo en mi mente es ese chocolate que tanto me gusta, claro.

Al final llego a casa y me pongo hasta arriba.

Porque en realidad me he estado programando todo el día para hacerlo. Al poner la imagen de lo que no quiero en mi cabeza, he hecho que me entrara ese apetito. Como si hubiera estado viendo todo el rato un anuncio publicitario de chocolate en la tele de mi mente.

Provocamos lo que pretendemos evitar.

Olvida las dietas y las restricciones. No funcionan. A estas alturas del libro imagino que empiezas a tenerlo claro.

Relájate con la comida. Recuerda que tu problema no es la comida. En realidad te sientes vacío porque no estás dando fruto. No lo solucionarás con dietas, ayunos ni historias raras con la comida.

Ese vacío se soluciona en otros sitios.

Y a la hora de comer, ¿qué?

Relájate y come lo que realmente te pida el cuerpo.

Si llevas mucho tiempo jugando con la comida y haciendo tonterías, no oirás muy bien la verdadera voz de tu cuerpo. Oirás: «¡!Chocolate!¡, ¡quiero chocolate!».

Si solo oyes eso, entonces come chocolate.

Todo el que quieras. De verdad. No hace falta que te mesures. Cuanto más te frenes, más estarás programándote de nuevo para comer chocolate. Come hasta reventar si hace falta. Nada mejor para quitarse las ganas.

Eso sí, déjate de jueguecitos y de auto-engaños. Si te vas a comer una tableta entera, ponla entera en el plato.

Si tienes dudas de si te vas a comer una o dos tabletas, mete dos en el plato. Tres, las que haga falta. Pero ponlas ahora, antes de empezar. Y eso sí, las que pongas te las vas a comer.

La sola presencia de esas tabletas empezará a ejercer un efecto positivo. Porque no es hambre física la que tienes.

Cuando no pones en el plato todo el chocolate que desearías, estás experimentando su carencia. Te estás concediendo chocolate, pero en el fondo tu atención está en el chocolate que sigue en el armario y no te das. Tu atención está en el chocolate que falta.

Estás funcionando con objetivos negativos. Tu mente no está enfocada en lo que estás comiendo sino en el límite que te estás imponiendo, en lo que quieres evitar comer.

Mientras comes, todo el rato falta chocolate. Por eso quieres más. Tú mismo provocas tu ansia con los límites que te impones mientras comes.

Sin embargo cuando pones en el plato todo lo que te vas a comer estás experimentando abundancia. Mientras comes, todo el rato sobra chocolate.

Estás funcionando con objetivos positivos, visualizando lo que quieres comer. De hecho, es posible que ante tanto chocolate sientas que te estás forzando a comer. Entonces se te irán un poco las ganas. Lo que forzamos se resiste de vuelta.

Si además te permites disfrutar de su sabor, de su textura, de todos y cada uno de los bocados, con atención plena (apaga la tele), si realmente dejas los remordimientos y la culpa atrás, si te liberas de esos objetivos negativos, entonces...

Entonces quedarás saciado. Todo se detendrá. Probablemente mucho antes de lo que esperabas.

Pero solo ocurrirá si no lo andas buscando. Solo si realmente estás comiendo sin objetivos. Solo si simplemente estás comiendo y nada más.

Con el tiempo, la verdadera voz de tu cuerpo se hará más fuerte. Tu cuerpo es inteligente y sabe lo que necesitas desde que eras un bebé sin uso de razón.

No eres tú quien debe decirle a tu cuerpo qué comer o qué no comer. Es tu cuerpo el que te pide lo que necesita.

Relájate. Escucha. Escucha bien la voz interior.

Quizás no hable con palabras. Pero empezará a pedirte otras cosas. Te sorprenderás con extraños apetitos.

Ensalada, verduras, alimentos que quizás ni siquiera probaste antes...

Come sin objetivos y comerás bien.

HACIENDO DEPORTE

Si voy a entrenar con el objetivo de ponerme «cachas», entonces mi cuerpo es el medio para conseguir ese objetivo.

Como solo es un medio, lo fuerzo al máximo y lo castigo tanto como haga falta.

Al principio hay algunas ganancias. Pero poco a poco ese agotamiento pasa factura. Entrenar es entonces una obligación. Ir al gimnasio simplemente se convierte en un suplicio. Una lucha conmigo mismo. Una esclavitud.

Lo que podría ser una liberación diaria se convierte en otra pesada carga que añadimos a nuestra ya saturada lista de obligaciones.

Entonces mi rendimiento va disminuyendo progresivamente porque es muy difícil mantener semejante desgaste energético físico y mental. Nos desmotivamos y nos estancamos.

La consecuencia habitual es que algunos empiezan a ir menos al gimnasio, o directamente dejan de ir. Algunos que invirtieron años de sacrificio y sudor, incluso lo acaban repudiando...

Si por el contrario vamos al gimnasio simplemente a darle cariño a nuestro cuerpo, a permitir que se exprese, a disfrutar con él, sin objetivos, sin expectativas, lo que ocurre es bien diferente.

Porque en lugar de enfocarnos en hacer sufrir a nuestro cuerpo, nos enfocamos en el disfrute. Ponemos nuestra atención plena en todos los movimientos y los gozamos. Le vamos dando alegría al cuerpo según lo va pidiendo, sin forzar.

Entonces ir al gimnasio es un placer. Me apetece ir al gimnasio. Ya no es un «tengo que ir al gimnasio...».

Por eso la probabilidad de que siga yendo es ahora mucho mayor, porque no pierdo energía yendo, sino que gano energía.

Además, curiosamente, si estamos pendientes de la voz de nuestro cuerpo y atendemos a sus peticiones, nos daremos cuenta de que siempre nos pide ir un poquito más lejos.

El cuerpo siempre quiere seguir desarrollándose, expandiéndose, quiere crecer y entregar todo su potencial.

Lo que pasa es que, como cualquier otra expresión de la naturaleza, tiene sus ritmos.

Querer saltarse esos ritmos, forzarlos, es como querer hacer una paella en diez minutos. Te sale una especie de arroz sucio, pero no te sale una paella, te pongas como te pongas.

Si mientras estamos haciendo un ejercicio empezamos a pensar en el siguiente porque «hoy tengo que hacer...», resulta que nos estamos agotando psicológicamente y no hacemos bien ni este ejercicio ni el siguiente. Agotamos el cuerpo pero no lo desarrollamos.

Si mientras hacemos un ejercicio nos concentramos en ese ejercicio y le vamos dando al cuerpo lo que nos pide, sin forzar, con las pausas que necesite, entonces ocurrirá algo que no esperábamos: avanzaremos de manera constante.

Lento pero seguro. Entonces lo lento resultará ser lo más rápido. Es solo cuestión de tiempo que nuestro cuerpo se vaya colocando en su máximo potencial.

El máximo potencial en algunos casos será con un «sixpack» y en otros no. Dependerá de la genética de cada uno.

¿Qué estás buscando realmente cuando te marcas el objetivo de definir tus abdominales?

En realidad quieres llenar un vacío interior.

Entonces lo más probable es que te estanques antes de tener tus abdominales marcados. Es el efecto de enfocarse en el resultado. Incluso si las circunstancias son favorables y lo logras, el vacío seguirá allí.

Tu asunto necesita resolverse de otra manera. Y probablemente no sea poniéndote cachas. Estás vacío porque en realidad no estás dando suficiente fruto en la vida.

Ahora lo sabes.

APRENDIENDO

Cuando hablamos de nuestra «carrera profesional» nuestras palabras revelan subliminalmente que hay un objetivo, una meta. Y que además es necesario competir y ganar.

Estudiamos para sacar buenas notas, para conseguir un título y un trabajo con el que ganemos mucho dinero y prestigio.

El valor de mis logros se medirá comparativamente. Si los demás tienen más dinero o más prestigio, o un puesto más alto en el organigrama, todavía no me permitiré ser feliz.

Efectivamente es una carrera. Directa al precipicio.

Porque pensando en la meta nos perdemos el camino. Porque quizás memoricemos mucho, pero aprendemos poco y nos desarrollamos menos. Porque se convierte en una vida de sufrimiento, tensión y negación de la propia identidad.

Hoy día los chavales van al cole agobiados. Agobiados por los exámenes, agobiados por tener que decidir qué quieren estudiar. Sienten la inmensa presión de no equivocarse porque piensan que si se equivocan serán unos desgraciados toda la vida...

A veces están tan agobiados por entender algún concepto que la barrera para entenderlo no es su inteligencia, sino el propio agobio. La voz que dice en su mente «no lo entiendo, no lo consigo entender, no puede ser...» es tan fuerte que no deja espacio para más.

Simplemente relajándose y observando lo que tienen delante, dejando que la mente fluya con lo que recibe, resulta que no podrán evitar entenderlo.

Solo hace falta dejarse llevar, permitir que la materia haga su trabajo en nosotros. Entonces se disfruta y se aprende.

Y cuanto más lo experimentemos, más querremos enfocarnos a tope en aquello que más nos gusta. Sin descuidar las materias que no nos gustan, por supuesto.

Pero descubriremos que lo que más nos gusta hacer nos da energía para lo que menos nos gusta hacer. Y progresivamente tendremos cada vez más claro hacia dónde dirigirnos. Y cuanto más nos dirijamos hacia allí, menos tendremos que estudiar lo que no nos gusta.

¿Y los exámenes? Estudiando sin objetivos, los exámenes son para mí, no para los demás. No son para demostrar lo que sé, no son para quedar bien con nadie. Simplemente son un ejercicio más que me ayuda a seguir aprendiendo. Cuando los vivo así, entonces se acaban definitivamente los nervios en los exámenes. Doy fe de ello.

Y si terminamos los estudios (que no el aprendizaje, porque el aprendizaje no termina nunca) y entonces no encontramos trabajo en lo nuestro (lo cual es y seguirá siendo lo más habitual del mundo), entonces será solo cuestión de tiempo que el mercado, con un poco de ayuda por nuestra parte, nos vaya colocando poco a poco en posiciones cada vez más indicadas para nuestros talentos.

Una persona que tiene muchos títulos pero no ha podido desarrollar su talento natural acabará siendo expulsada del mercado laboral. Porque el mercado laboral lo que realmente necesita es talento, no títulos.

Una persona sin títulos pero con gran talento tiene más probabilidad de encontrar trabajo. Porque el talento está muy demandado.

Cuando existe talento y se manifiesta, tiende a ocupar su lugar. Es otra ley natural. La naturaleza es muy inteligente, más que nosotros. Confiemos en ella.

La naturaleza siempre trae al panal una sola reina. A veces quizás dos, pero no muchas más. Siempre trae entre un 15% y un 20% de zánganos y entre un 80% y un 85% por ciento de obreras. Trae al panal exactamente lo que hace falta.

La naturaleza hace que nazcan un 53,5% de hombres y un 46,5% de mujeres. Como la mortalidad de los hombres es mayor, resulta que entre los veinticinco y los cincuenta años el porcentaje de hombres es del 51% y el de mujeres del 49%. Si eso no es precisión para traer lo que hace falta al mundo que venga alguien y me diga qué lo es.

La naturaleza trae al mundo lo que es necesario y trata de ponerlo en su lugar. Pero solo si la dejamos.

Si a ti te ha traído con un talento determinado es porque en algún lugar hace falta, dalo por hecho.

Eso sí, el maravilloso proceso de descubrir ese talento es cosa tuya.

Explorar qué se te da mejor y qué te gusta depende de ti. Normal, de lo contrario no serías un ser libre.

Y es un proceso que no termina nunca, porque es un fin en sí mismo y no un medio.

Haz tu parte, déjate fluir, permite que tus talentos afloren.

Y deja que la naturaleza haga la suya. Confía en una inteligencia que es mayor que la nuestra.

Relájate y disfruta desarrollándote. Si no estás disfrutando, entonces es que aún puedes desarrollarte más.

EN LA EMPRESA

Todos sabemos que hoy en día las empresas funcionan en base a objetivos.

Pero en el fondo también sabemos que los objetivos fallan más que una escopeta de feria.

¿Cuántas veces nos han marcado unos importantes objetivos y meses más tarde ni siquiera recordamos cuáles eran?

¿No eran tan importantes?

Los objetivos a largo plazo son como las películas futuristas de ciencia ficción. Cuando las ves por primera vez te «flipan», pero cuando ese futuro finalmente llega, te partes de risa con ellas. Parecen absurdas, una predicción ridícula.

Porque los acontecimientos evolucionan muy rápido y el futuro es impredecible, especialmente en el mundo de los negocios.

Los objetivos a más de tres meses, si difieren mucho del resultado actual es poco probable que se cumplan. Y si no difieren mucho del resultado actual, ¿para qué los queremos?

Esto no quiere decir que no sigamos los indicadores de negocio. Pero solo como un medio para entender lo que está pasando y poder así entregar más a nuestros clientes, no como un objetivo, no como un fin.

Pocos son conscientes además de que en la inmensa mayoría de los casos los objetivos empresariales en realidad son objetivos negativos y que con ellos colocan a sus equipos en el primer escalón.

En primer lugar porque muchas veces ocurre que al poco de marcar el objetivo vemos ya claramente que será inalcanzable. Entonces el resto del año el objetivo no es más que una pesada carga altamente desmotivante.

Pero incluso en el propio proceso de definición de objetivos, el miedo acaba pervirtiendo su finalidad.

Resulta que el empresario propone objetivos a sus empleados para que lleguen más lejos.

Entonces sus empleados los negocian con él a la baja, porque temen no alcanzarlos.

Una vez marcados, procuran no sobrepasarlos demasiado para evitar así que les pongan un nuevo objetivo aún más exigente el siguiente año.

De cabeza en la primera trampa. Hay un miedo innecesario y el origen de ese miedo innecesario es, sin saberlo, el propio empresario.

Porque en realidad pone objetivos por miedo a que sus empleados no entreguen lo máximo.

Los objetivos se convierten en el obstáculo para crecer y su miedo se acaba auto-cumpliendo.

PECADO ORIGINAL

Un empresario que confía en su gente al 100% no necesita marcar objetivos. Sabe que sus empleados van a entregarse en cuerpo y alma, como si la empresa fuera suya. Que lo van a dar todo.

La desconfianza del empresario es el pecado original que destruye la identificación de los empleados con la empresa.

La gran pregunta es: ¿puede confiar el empresario en todos sus empleados?

La respuesta es que un empresario que confiara ciegamente en la capacidad y la buena intención de todos sus empleados simplemente estaría afectado de buenismo.

La realidad práctica nos demuestra que, por mucho que tengamos un proceso de selección depurado y de gran precisión, de vez en cuando en la empresa se nos cuela algún indeseable.

Por eso es necesario que las empresas no solo tengan un buen proceso de selección, sino que también tengan un buen proceso de desvinculación.

Saber despedir es tan importante como saber contratar, y una organización con más de cien empleados que nunca despide a nadie tiene un problema de buenismo o de miedo innecesario.

Si no tratamos esa inflamación, se irá haciendo crónica.

La experiencia también nos demuestra que cualquier empleado de buena voluntad está en continuo aprendizaje. Porque cada día necesita afrontar nuevas situaciones.

En las fases iniciales de aprendizaje de una nueva tarea sabemos que el empleado necesita una dirección clara, objetivos.

Ahora bien, también sabemos que cuando el empleado alcanza la madurez en esa tarea, es necesario dejarle hacer.

Que él mismo decida hacia dónde quiere enfocar su trabajo en esa tarea, que decida qué quiere hacer y cómo hacerlo. Dejarle crear.

Porque si no lo hacemos limitamos su crecimiento y por lo tanto no le estamos dejando aportar todo el valor que podría a la empresa.

Es decir, lo que no tiene sentido es que todo funcione en base a objetivos. Que no seamos capaces de dejar el grado de libertad necesario a todos los empleados en esas áreas donde han alcanzado su madurez.

Obligarles a emplear la totalidad de su jornada laboral y de su aportación profesional a que hagan lo que nosotros les pedimos.

El pecado original es el café para todos, todo el rato. Los objetivos a mansalva. Que el empresario no confíe lo suficiente.

El máximo potencial de la empresa solo se realiza cuando se realiza el máximo potencial de sus empleados.

Y esto solo se consigue a través de un uso adecuado del miedo, la ambición y el amor.

Un uso acorde a las leyes naturales del Universo.

SEGURIDAD

Los objetivos negativos son necesarios en la empresa para evitar situaciones de peligro.

Los comportamientos que afectan a la integridad física de los empleados o de la propia empresa deben erradicarse a través del despido. Tolerancia cero.

Porque admitir la posibilidad de un error en este ámbito es permitir la catástrofe. Es negligente.

Lo sostenible, necesario y proporcionado es que un empleado sienta miedo de no utilizar el equipo de protección, o de no seguir los procedimientos de seguridad o de incumplir las leyes.

Lo que es inadmisible es que una persona sufra un accidente porque, para acabar su tarea a tiempo, no se puso el arnés de seguridad.

Pongamos un cartel bien grande a la entrada de todas las fábricas y centros de trabajo que diga:

«En esta empresa las infracciones de seguridad se penalizan con el despido inmediato. No concedemos segundas oportunidades. Los accidentes tampoco».

También es adecuado emplear el miedo cuando llevamos mucho tiempo dando oportunidades a un empleado para que mejore y, a pesar de poner todos los recursos a su disposición de una manera sistemática y estructurada por nuestra parte, el empleado persiste en unos comportamientos que no son aceptables.

Entonces el miedo es el último recurso del que disponemos para ayudarle a salir del pozo en el que está metido.

Poner la posibilidad del despido encima de la mesa es un intento a la desesperada para recuperar al empleado y por eso la intensidad del miedo está indicada. Porque ahora se trata de una apuesta a todo o nada.

En definitiva, la fuerza del miedo es necesaria en la empresa. Porque de ella dependen la supervivencia de sus empleados y de la propia empresa.

Tan malo es su abuso como su falta de uso.

A veces hace falta podar las ramas de un árbol para que crezca sano, emplear radioterapia para curar un cáncer o amputar una pierna para salvar a la persona.

A veces hace falta destruir para sobrevivir.

Ese es el sentido de la fuerza destructora del Universo. En realidad está al servicio de la vida.

SOSTENIBILIDAD

Todos sabemos que la ambición excesiva en la empresa puede ser altamente contagiosa y destructiva.

Al final todo vale para conseguir el objetivo, y cuando esa ambición se vuelve sistémica, entonces tenemos empresas que fabrican teléfonos que explotan, directivos que falsifican las emisiones de los automóviles que producen y empresarios que huyen a otros países porque los persiguen por ocultar fondos al fisco.

Hasta aquí esto lo sabemos todos. Lo que generalmente desconocemos es cuál es el uso adecuado de la ambición en la empresa, cuál es el uso apropiado de los objetivos positivos.

Los objetivos positivos son necesarios para que los empleados aprendan a hacer lo que es necesario seguir haciendo y para mantener los procesos que ya existen en funcionamiento.

Para nada más (y nada menos).

Los objetivos positivos son necesarios porque la ambición es en realidad la fuerza conservadora del Universo, la que garantiza la sostenibilidad de lo que ya existe.

Aunque parezca contra-intuitivo, no es una fuerza creadora, no sirve para crecer y no sirve para cambiar.

Su naturaleza lleva a la acumulación del potencial justo y necesario para mantener lo que hay exactamente como está. Es la fuerza de la homeostasis, de la suma cero.

Es cierto que puede producir un cierto crecimiento, pero este siempre es residual y muy limitado en relación al verdadero potencial disponible.

No darse cuenta de esto es un gran error. Porque queriendo forzar ese crecimiento por la vía de la ambición, en realidad lo estamos impidiendo. La avaricia rompe el saco.

Es un error emplear los objetivos positivos para hacer crecer a la empresa, porque la empresa es un organismo vivo y los organismos crecen de manera natural y espontánea. Si queremos forzar su crecimiento, en realidad lo vamos a impedir.

Un ejemplo clarísimo son los incentivos económicos. El empresario que quiere motivar a sus empleados a través de *pluses* y *bonus* obtiene un primer efecto positivo por la ilusión inicial de los objetivos positivos. Fin de la mejora.

Porque a partir de ahora, si quiere pedirles que se desarrollen aún más tendrá que darles otro incentivo económico adicional.

Al final no avanzarán si no hay más dinero encima de la mesa. En realidad el empresario está haciendo que se estanquen. La ambición lleva a la homeostasis.

Cuando alguien tiene un trabajo con un salario digno está allí para dar lo máximo.

Porque es bueno para la empresa, por supuesto, pero sobre todo porque es bueno para la persona. Porque dando lo máximo es como va a realizarse.

La verdadera utilidad del dinero es que los empleados se queden. Mantenerlos en la empresa y que no se vayan a otra. Homeostasis.

Pero no sirve para nada más.

Ni para nada menos.

No sirve para motivarlos. Los incentivos económicos son un error de gestión que sale muy pero que muy caro.

De nuevo, no nos confundamos. La ambición no es una fuerza creadora, es una fuerza conservadora. Si les pagamos bien a los empleados, acorde con el mercado, se quedarán con nosotros. Pero solo podemos conquistar su corazón entregándoles el nuestro.

La motivación de verdad no se consigue con dinero: solo se consigue cuidando a los empleados sin esperar nada a cambio.

Interesándonos en su crecimiento, pero no para que produzcan más sino porque nos sale de dentro.

Lo primero son las personas. Y el negocio...

El negocio ya vendrá. El éxito solo se consigue cuando no se persigue.

El verdadero potencial de la empresa solo puede materializarse sin objetivos.

ALTO RENDIMIENTO

¿Quien está en su máximo desempeño? ¿El empleado que hace exactamente lo que le dicen? ¿O el que aporta más de lo que le dicen simplemente porque le sale de dentro?

Al empleado de alto rendimiento le pedimos «A», «B» y «C» y él, además de entregar estos, nos entrega también «X».

«X» suele tener un valor especial para la compañía. Porque a nosotros no se nos habría ocurrido jamás pedírselo.

Solo se le podía ocurrir al empleado, por sus talentos, por su manera particular de ver las cosas, y especialmente por estar donde está en la empresa.

Ese valor «X» que nos entrega espontáneamente tiene a menudo el potencial de ser incluso más valioso que lo que nosotros le habíamos pedido.

Pero esta espontaneidad del empleado de alto rendimiento no puede forzarse. En el mismo momento en el que pretendemos hacerlo lo estamos impidiendo.

Si le pedimos a alguien ser espontáneo, ya no puede serlo, porque se lo hemos pedido.

Forzar la unión produce ruptura, forzar el amor lleva al odio, forzar el sueño produce insomnio, forzar la utopía es distópico. Forzar lo espontáneo lo mata.

No podemos forzar. Pero sí podemos propiciar las condiciones adecuadas para permitir que pueda ocurrir.

El camino es sencillo: respeto, atención y cuidado hacia nuestros empleados. Amor.

No tiene sentido que como empresario inviertas sumas ingentes de dinero en programas de motivación o de formación cuando en tu empresa los jefes se comunican con su gente por *mail*. ¡Por *mail*!

Te sale más a cuenta cancelar esos programas y ahorrarte todo ese dinero. Te lo digo de verdad.

Si tratamos al empleado como a una máquina a la que simplemente hay que darle input, nosotros mismos somos los que estamos impidiendo su crecimiento.

Y como no crece, le damos más instrucciones. Y cuantas más instrucciones le demos, menos crecerá. La ambición nos estanca en la empresa. De nuevo, homeostasis.

Es cierto que hay personas con una ilusión tan grande que incluso en las peores condiciones son capaces de aportar más.

Pero son menos de un 0,5%, y si no les permitimos crecer se acabarán marchando a otra empresa donde puedan hacerlo.

La condición necesaria (aunque no suficiente) para hacer aflorar el talento en la empresa es un liderazgo presente y humano.

El único liderazgo verdadero.

No se puede liderar por *mail*. No se puede.

No sé si lo he dejado suficientemente claro.

Eso es dar instrucciones y además darlas mal, pero eso no es liderar.

Un líder tiene conversaciones proactivas, de calidad y continuas con su gente.

Cuando digo proactivas significa que son reuniones calendarizadas con meses de antelación. No me reúno contigo solo cuando tengo un marrón que pedirte o instrucciones que darte. O cuando tengo un fuego que apagar que me está abrasando.

Eso serían reuniones reactivas. En las que hablo contigo, sí, pero tú eres solo un medio para conseguir el objetivo. Lo que me importa no eres tú. Eso no es dar. Eso es pedir. Eso no es amor, eso es ambición.

Cuando digo conversaciones de calidad, significa que no son en cualquier sitio, aquí te pillo aquí te mato, o aprovechando para tomar un café o para comer.

No se trata de cubrir el expediente, de aprovechar un rato donde el objetivo principal es otro: comer, descansar...

Se trata de regalar nuestra presencia y un espacio de calidad al empleado.

Por eso son reuniones a solas, en una sala cerrada, donde podamos hablar tranquilamente, donde vamos preparados, donde no solo nos interesamos por el día a día sino que nos interesamos por cómo se siente la persona, por sus relaciones en el trabajo, por cuáles son las cosas que más le gusta hacer, cuáles son las que se le dan mejor, por cómo podemos ayudarle a seguir desarrollándose...

Cuando digo que estas reuniones son continuas, quiero decir que ocurren con frecuencia semanal. Cada semana, el mismo día, a la misma hora, tenemos esa reunión, que normalmente suele durar un mínimo de una hora.

Aquí es donde podemos motivar a los empleados. El talento, el alto rendimiento, la motivación y la identificación con la empresa no se consiguen ni con el salario ni con los *bonus*. Solo se pueden conseguir con amor.

Y si queremos que los líderes de nuestra organización entreguen amor a nuestros empleados, solo hay un camino. Entregárselo primero nosotros a ellos.

Si eres el presidente, el CEO o el director general de una compañía y te limitas a tener reuniones de seguimiento con tu Comité Directivo, no estás dando el amor necesario.

Necesitas conversaciones individuales, continuas, de calidad y proactivas con todas las personas que dependen directamente de ti.

Esas reuniones son con diferencia la mejor manera de dar atención, respeto y afecto.

Pero esas reuniones solo funcionarán cuando lo que te interese sea la persona y no el resultado que ella te pueda entregar.

Cuando des sin esperar nada a cambio.

O dicho de otra manera, cuando estés amando a tus empleados.

Si no amas a tus empleados, tu empresa no puede alcanzar su máximo potencial. Si no amas a tus empleados, tu empresa está limitada por tu propia impotencia.

El máximo potencial de la empresa se realiza cuando se materializa el máximo potencial de los que trabajan en ella. Y este potencial solo aflora cuando hay amor.

Porque solo cuando en nuestra empresa hay amor, la gente da sin esperar nada a cambio.

Solo cuando en nuestra empresa hay amor, los clientes no son un medio, son un fin. No queremos sacarles todo lo que podamos. Queremos darles todo lo que podamos.

Entonces los clientes se sentirán amados y respetados. Y un cliente que se siente amado, es un cliente fiel y trae a otros clientes. No es lo que buscábamos, pero ocurre.

Una empresa con amor, que da, que aporta espontáneamente, es la única empresa que realmente funciona.

Por eso tiene futuro.

EN LA SOCIEDAD

Las leyes del Universo operan de la misma manera a escala global que a escala individual.

En las sociedades primigenias, siempre al filo del abismo, el miedo como fuerza directriz hace posible la supervivencia.

Se consigue mayor seguridad a través de las leyes y el empleo de la jerarquía.

Las fronteras, las leyes y el poder jerárquico son manifestaciones de la forma más primitiva del poder y obtienen su fuerza del miedo. Obedecemos para evitar el castigo o las consecuencias.

Las sociedades programadas con objetivos negativos tienen reyes, dictadores y capos por un lado, y vasallos, súbditos y secuaces por el otro.

Son sociedades muy limitadas porque el miedo innecesario se inflama y se extiende en forma de miedo crónico. Una sociedad con miedo crónico está a la defensiva, es agresiva y violenta.

Entonces acaba provocando lo que más teme, genera conflictos y finalmente su propia destrucción. La máxima expresión del miedo crónico social es la guerra.

La aparición del comercio, la moneda, la empresa, los mercados, la industria y la democracia son el reflejo de otro código de programación y funcionamiento: los objetivos positivos.

Este código produce la aparición de nuevos personajes, que son los empresarios, la burguesía, los políticos, los trabajadores, los funcionarios, los profesionales liberales...

Son personajes que se mueven con el objetivo de conseguir algo, que puede ser dinero, prestigio, votos o una posición política o social.

Las formas de poder predominantes en una sociedad programada con objetivos positivos son el poder económico y el poder político.

Gracias a los objetivos positivos la sociedad ha podido llegar a niveles de confort inimaginables hace tan solo cien años.

Pero al mismo tiempo, la ambición desmesurada en forma de ambición crónica social está produciendo una inflamación contraproducente.

La búsqueda exacerbada del confort y los bienes materiales se ha traducido en una vida incómoda y estresante. Muchas obligaciones laborales, sociales y personales que dejan muy poco tiempo disponible. Una calidad de vida lamentable.

La producción masiva de bienes de consumo innecesarios amenaza con agotar los recursos naturales y hasta con la destrucción del planeta.

La incapacidad de ganar más o de producir más para saciar los apetitos más desorbitados en un entorno limitado lleva al miedo, y entonces la sociedad puede caer en el primer escalón de nuevo y volver a colapsar con una crisis o una guerra.

Estas guerras y colapsos absurdos, así como el vacío existencial de una vida de abundancia pero sin sentido, llevan a la aparición de nuevos programas de funcionamiento, en este caso sin objetivos.

En el tercer escalón, la espiritualidad, la filosofía, la filantropía, las ONGs, las empresas con sentido, con misión y voluntad de servicio, o ciertas familias y ciertas formas de amistad, son formas de comportamiento y organización social basadas en dar sin esperar nada a cambio. En el fluir por el amor al otro, el amor a una actividad, el amor al conocimiento.

La fuerza transformadora es ahora el poder personal, un poder que emana de las personas que aman a los demás, y aunque no esperan nada a cambio, son amadas de vuelta.

A través de ese amor se consigue la unión en movimientos colectivos espontáneos pero poderosamente integrados que pueden llegar a ser muy beneficiosos.

En un futuro de recursos suficientes pero limitados, de falta de empleo remunerado, donde la mayor parte de la población vivirá gracias a un subsidio de pan, medicinas, seguridad y techo, la filosofía, la espiritualidad, la ayuda al prójimo y el desarrollo del talento y el arte, no solo serán el único camino hacia una supervivencia pacífica, sino que se convertirán en una increíble oportunidad de desarrollo personal y social.

Imaginemos la aparición de una nueva clase subsidiada gracias a los excedentes de producción de las máquinas.

Que vive sin ostentación ni caprichos pero que no necesita preocuparse por su sustento diario. Que puede dedicar su tiempo a amar a los suyos. Que puede dedicar su tiempo al desarrollo de sus talentos gracias a acceder a un conocimiento gratuito y universal. Que puede comunicarse fácilmente con el resto del mundo para compartir el fruto de su talento. Que puede emplear ese talento en emprender o para colaborar en empresas con sentido...

Es lo más cerca de la utopía que jamás podremos estar.

La segunda trampa y la tercera son las que continuamente pondrán en riesgo el desarrollo de este futuro y de estas formas de organización social.

La espiritualidad puede transformarse en integrismo, superstición y también en poder religioso.

La filosofía, la ciencia y el conocimiento pueden transformarse en vanidad y egolatría.

La filantropía y las ONGs pueden transformarse en chiringuitos para evadir impuestos, en un *modus vivendi*, o en maneras de demostrar lo buenos que somos a los demás.

Las empresas con misión y voluntad de servicio pueden convertirse en puro *greenwashing*.

La familia y los amigos se pueden convertir en una transacción de afecto, donde yo solo te doy afecto si me garantizas afecto de vuelta.

El bien al prójimo puede convertirse en una obligación y dejar de ser un acto espontáneo y desinteresado.

Porque el amor siempre corre el riesgo de convertirse en pseudo-amor.

Cualquier sociedad se debate continuamente en la tensión simultánea entre las fuerzas del miedo, la ambición y el amor.

Porque la existencia del libre albedrío implica necesariamente que funcionar sin objetivos no puede entrenarse ni adquirirse de ninguna manera. Y porque la fuerza gravitacional del primer escalón y del segundo tiran fuerte hacia abajo.

Pero también es cierto que la conciencia individual y social tiran inevitablemente hacia arriba.

Porque la conciencia percibe que su verdadera esencia es el amor.

Por eso, si nuestra civilización no sube al tercer escalón, otra civilización lo hará cuando hayamos desaparecido.

El Universo no tiene prisa.

www.ingramcontent.com/pod-product-compliance
Lightning Source LLC
LaVergne TN
LVHW051224200726
843510LV00011B/1469